<u>DIX CENTIMES</u>

CONTRECATÉCHISME

ÉLÉMENTAIRE

PAR

ANTONIN SEUHL

Le Monde. — La Vie. — La Pensée. La Morale.

" TOUT PAR LA SCIENCE "

23e MILLE

PARIS

ÉDITIONS DE « LA ROUTE »

Revue de l'Effort social

120, RUE DE VAUGIRARD, 120

1913

DIX CENTIMES

CONTRECATÉCHISME

ÉLÉMENTAIRE

PAR

ANTONIN SEUHL

Le Monde. — La Vie. — La Pensée. La Morale.

"TOUT PAR LA SCIENCE."

PARIS

ÉDITIONS DE « LA ROUTE »

Revue de l'Effort social

120, RUE DE VAUGIRARD, 120

1913

CONTRECATÉCHISME

ÉLÉMENTAIRE

CHAPITRE PRÉLIMINAIRE

D. *Êtes-vous chrétien ?*

R. Non ; je suis libre penseur.

D. *Qu'est-ce qu'un libre penseur ?*

R. Un libre penseur est celui qui ne croit pas et n'admet que l'autorité de la Science.

D. *Qu'est-ce que la Science ?*

R. La Science est l'ensemble des connaissances humaines certaines.

D. *Qu'appelez-vous connaissances certaines ?*

R. Celles qui ont été et peuvent toujours être contrôlées par le calcul.

D. *Citez des exemples ?*

R. La longueur d'un fil, la surface d'un rectangle, le volume d'une sphère, la masse d'un corps, l'amplitude des oscillations d'un pendule, l'intensité d'un son, la tension d'un courant électrique, la vitesse de la lumière, etc.

D. *Comment acquiert-on des connaissances certaines ?*

R. On acquiert des connaissances certaines en s'instruisant, c'est-à-dire en fréquentant les écoles neutres et en puisant, de toute son intelligence, dans les livres de physique, de chimie et d'histoire naturelle.

D. *Ces écoles et ces livres ne nous trompent-ils point ?*

R. Non, ces écoles et ces livres ne nous trompent point.

D. *Qu'en savez-vous ?*

R. Leurs dires sont vérifiables par l'expérience et le calcul.

D. *La Science détient-elle toutes les connaissances certaines possibles ?*

R. Non, la Science ne détient pas toutes les connaissances certaines possibles, car le nombre des connaissances certaines s'accroît chaque jour, grâce aux savants, de connaissances nouvelles.

D. *Nos connaissances certaines actuelles sont-elles suffisantes pour nous éclairer jusqu'au bout sur l'existence du monde et sur la vie ?*

R. Oui, nos connaissances certaines sont suffisantes.

PRATIQUES

1° Ne négliger aucun moyen de s'instruire.
2° S'exercer souvent à l'observation.
3° Rechercher les faits derrière les mots.
4° Vérifier chaque fois qu'on le pourra.
5° Honorer la mémoire des savants.

CHAPITRE I

LE MONDE

D. *Qu'est-ce que le monde ?*

R. Le monde est l'ensemble des astres qui roulent dans l'espace et cet espace lui-même.

D. *Ne lui donne-t-on pas quelquefois un autre nom ?*

R. On l'appelle aussi univers.

D. *La terre tient-elle une grande place dans l'univers ?*

R. Non. La terre n'est qu'un point dans l'univers visible.

D. *Pourquoi dites-vous l'univers « visible » ?*

R. Parce que nos yeux et nos télescopes n'embrassent qu'une faible partie de l'univers, et qu'au-delà des astres que nous pouvons voir, il y en a vraisemblablement d'autres que nous apercevrions si nos instruments d'optique étaient plus puissants.

D. *L'univers a-t-il des bornes ?*

R. Non, l'univers n'a pas de bornes. Il est infini.

D. *Prouvez-le.*

R. Si l'univers avait des bornes, nous pourrions nous y transporter par l'imagination. Et au-delà de ces bornes il n'y aurait rien... que du vide, de l'espace, c'est-à-dire encore l'univers.

D. *Pouvez-vous de sang-froid considérer l'infini de l'univers?*

R. Non, je ne puis de sang-froid considérer l'infini de l'univers; l'idée du « jamais de bornes » me donne le vertige.

D. *Qu'en concluez-vous?*

R. J'en conclus que les hommes, trop faibles pour mesurer l'univers infini, doivent se contenter d'étudier et de mesurer l'univers visible.

D. *L'univers aura-t-il une fin?*

R. Non, l'univers n'aura jamais de fin.

D. *Se transformera-t-il?*

R. Il se transformera. Nous assistons d'ailleurs à ses transformations dans la portion d'univers visible.

D. *Qu'entendez-vous par là?*

R. J'entends que nous voyons des astres se refroidir, des comètes apparaître ou disparaître, des nébuleuses s'acheminer vers l'état d'étoiles ou de planètes.

D. *L'univers a-t-il eu un commencement?*

R. Non. L'univers n'a jamais eu de commencement. Il est infini dans le temps comme dans l'espace.

D. *Comment le savez-vous, puisque tout-à-l'heure vous disiez que les hommes étaient trop faibles pour mesurer l'univers infini?*

R. Les hommes sont trop faibles pour mesurer l'infini de l'espace. Mais il leur est possible de savoir si le monde est infini dans le temps.

D. *Comment cela ?*
R. En étudiant la matière, et en recherchant si elle peut être créée ou détruite.

D. *Qu'appelez-vous matière créée ?*
R. De la matière tirée de rien.

D. *Et de la matière détruite ?*
R. De la matière réduite à rien.

D. *Quels sont ceux qui ont étudié la matière aux fins de savoir si elle peut être créée ou détruite ?*
R. Les chimistes.

D. *Quel instrument jouait le rôle principal dans leurs travaux ?*
R. La balance.

D. *Et qu'ont-ils trouvé ?*
R. Ils ont trouvé et prouvé que rien ne se perd, rien ne se crée, tout se transforme.

D. *En pouvait-il être autrement ? Est-ce que Dieu seul n'a pas le pouvoir de créer et de détruire ?*
R. Je ne crois pas à Dieu.

D. *Pourquoi ?*
R. Parce que, pour croire à Dieu, il faut le situer dans le temps et dans l'espace, et qu'alors il est matériel, c'est-à-dire qu'il n'est plus Dieu.

D. *Les chrétiens ne font-ils pas Dieu immatériel ?*

R. Impossible. Et la preuve, c'est qu'ils disent que les méchants seront privés de la VUE DE DIEU, tandis que les bons seront assis A LA DROITE DE DIEU.

D. *Ainsi, vous affirmez que rien ne se détruit ?*

R. Je l'affirme et je le prouve.

D. *Pourtant, quand je brûle une planche, est-ce que je ne la détruis pas ?*

R. Vous avez changé l'aspect de la planche au point de ne plus la reconnaître, mais vous n'avez pas détruit un atome de matière.

D. *Comment le prouver ?*

R. En brûlant la planche en vase clos, en pesant ce vase avant et après l'ignition : le poids n'aura pas changé.

D. *Vous affirmez aussi que rien ne se crée ?*

R. Je l'affirme et je le prouve.

D. *Pourtant, quand d'un petit grain de blé il pousse une longue tige de blé, laquelle porte un épi de dix-huit grains, cette tige et ces grains n'ont-ils pas été créés ?*

R. Ce n'est pas le grain seul qui a donné la tige et l'épi, mais aussi les aliments puisés dans le sol et dans l'atmosphère.

D. *Comment le prouver ?*

R. Toujours au moyen de la balance.

D. *N'y a-t-il point de l'orgueil à admettre que le monde n'est pas l'œuvre d'un dieu?*

R. Pas le moindre orgueil. C'est faire acte de sincère et profonde humilité que de jauger son extrême faiblesse au regard des infinis de l'espace et du temps. Les orgueilleux sont ceux qui décrètent que le monde a commencé tel jour, finira tel autre, et qui ont forgé un roi de l'univers à leur image.

PRATIQUES

1° Lire attentivement un traité élémentaire d'astronomie. S'initier aux lois principales de gravitation et d'attraction des astres, aux phénomènes des jours, des nuits, des saisons etc.

2° Lire non moins attentivement un catéchisme chrétien et se convaincre que tout y est matériel.

3° Chercher autour de soi un exemple qui pourrait nous donner le droit de parler de *commencement de la matière*. (Si l'on en trouve un, ne pas craindre d'en prévenir l'auteur du présent fascicule.)

CHAPITRE II

LA VIE

D. *Qu'est-ce que la vie?*

R. La vie est l'ensemble des phénomènes par lesquels les êtres naissent, croissent, et s'acheminent vers la mort.

D. *Citez des êtres vivants?*

R. Un homme, un chien, un oiseau, un

poisson, un ver de terre, un arbre, un champi-
gnon, un bacille.

D. Qu'entendez-vous par cette expression :
« un être naît » ?

R. J'entends qu'il prend forme et qu'il
devient apte à assimiler des aliments.

D. Q'entendez-vous par cette autre expression : « un être croît » ?

R. J'entends qu'il augmente en volume et
en poids grâce aux aliments assimilés.

D. Quand dites-vous qu'un être meurt ?

R. Un être meurt quand il perd totalement
sa faculté d'assimiler.

D. Quel pouvoir, outre celui d'assimiler,
ont les êtres vivants ?

R. Les êtres vivants ont le pouvoir de se
reproduire.

D. Que dit-on des êtres vivants qui offrent
les mêmes caractères particuliers (forme,
structure, mœurs) ?

R. On dit qu'ils appartiennent à la même
espèce.

D. Les espèces d'êtres vivants sont-elles
nombreuses ?

R. Oui, les espèces sont très nombreuses.

D. Comment s'appellent ceux qui se consa-
crent à l'étude des êtres vivants ?

R. Les naturalistes.

D. *Qu'ont fait d'abord les naturalistes ?*
R. Les naturalistes ont d'abord catalogué les espèces, par ordre de complication.

D. *Tous les êtres vivants ne sont donc pas également compliqués ?*
R. Non, tous les êtres vivants ne sont pas également compliqués.

D. *Citez un être vivant compliqué.*
R. L'homme.

D. *Un être vivant moins compliqué ?*
R. Le ver de terre.

D. *Un être vivant très peu compliqué.*
R. Le bacille de la diphtérie.

D. *Quelle a été la conclusion du premier travail des naturalistes ?*
R. La conclusion a été que les êtres vivants forment, du moins compliqué au plus compliqué, une grande famille dont chaque individu, pris au hasard, n'est pas très sensiblement différent de ses voisins immédiats.

D. *A quelle observation ceci a-t-il amené les naturalistes ?*
R. Ceci a amené les naturalistes à rechercher si les espèces d'êtres vivants ne pouvaient pas se modifier sous l'influence de la nourriture, de l'altitude, du climat, etc.

D. *Qu'ont-ils constaté ?*
R. Ils ont constaté que les espèces étaient sujettes à variations.

D. *Citez des exemples.*

R. Les Européens maigrissent et prennent un teint bronzé dans les pays chauds. Les principales races chevalines et bovines ont été obtenues par sélection. Des poissons placés dans un lieu obscur, perdent en quelques générations les organes de la vue, etc...

D. *Par quelle expression les naturalistes traduisent-ils ces phénomènes?*

R. Les naturalistes disent que les êtres vivants « s'adaptent au milieu ».

CHAPITRE III

LA VIE *(suite)*

D. *Qu'ont fait ensuite les naturalistes?*
R. Les naturalistes ont ensuite étudié la matière vivante.

D. *Par quel procédé?*
R. Par le procédé d'analyse.

D. *Qui les a aidés dans cette tâche?*
R. Les chimistes.

D. *Qu'ont trouvé les uns et les autres?*
R. Les uns et les autres ont trouvé que les êtres vivants étaient tous formés de cellules.

D. *Les cellules des êtres vivants n'offrent-elles pas une particularité curieuse?*
R. Elles contiennent toutes une substance appelée protoplasma.

D. *Tous les êtres vivants ont-ils le même nombre de cellules?*

R. Non, tous les êtres vivants n'ont pas le même nombre de cellules : le corps de l'homme en contient des millions, le ver de terre n'en est formé que de quelques milliers ; certains êtres dits « inférieurs » ne sont constitués que par une seule cellule : ce sont les unicellulaires ou plastides.

D. *Quels résultats a donnés l'analyse chimique des cellules?*

R. L'analyse chimique a révélé que les cellules sont composées d'éléments minéraux connus : carbone, hydrogène, azote, etc.

D. *N'est-il pas troublant que des substances comme le carbone, l'hydrogène, l'azote, combinées d'une certaine façon, soient douées de vie?*

R. Si, au premier abord. On est moins troublé quand on suit jusqu'au bout les savants dans leurs travaux.

D. *Expliquez-vous.*

R. Le secret de la vie était aussi intéressant et plus facile à surprendre chez un unicellulaire que chez un être compliqué. Les savants ont donc étudié l'unicellulaire.

D. *Et que disent-ils?*

R. Ils disent que « dans ce qui frappe nos sens au cours de l'observation des êtres vivants, rien n'est en dehors des lois naturelles établies pour les corps bruts (chimie, physique) (1) ».

D. *Traduisez cela en langage simple.*

R. En langage simple cela revient à dire que les unicellulaires remuent, s'échauffent, sous l'influence de la lumière, de la chaleur et des réactions chimiques.

D. *La vie n'a donc rien de surnaturel ?*

R. Rien de surnaturel.

D. *Dans ces conditions, les savants doivent pouvoir fabriquer des cellules vivantes ?*

R. Non, les savants ne peuvent pas encore fabriquer des cellules vivantes.

D. *Pourquoi ?*

R. Parce que leur effort a jusqu'à présent porté sur l'analyse et non sur la synthèse (2).

D. *Y arriveront-ils jamais ?*

R. Nous ne pouvons l'affirmer. Mais le fait d'accepter cette idée qu'ils pourront un jour y arriver, joint à nos connaissances actuelles sur la matière vivante, ramènent la vie à des phénomènes purement physiques et chimiques.

---

(1) Félix Le Dantec, chargé de cours à la Sorbonne.

(2) Mais, déjà, on féconde *chimiquement* des œufs d'oursin, de grenouille, etc.

CHAPITRE IV

LA VIE (*fin*)

D. *Les êtres vivants ont-ils été formés tels que nous les voyons aujourd'hui?*

R. Non, puisqu'ils se transforment sous nos yeux mêmes.

D. *Les transformations profondes des êtres vivants sont-elles rapides?*

R. Elles sont généralement très lentes.

D. *D'où vient que les gens peu instruits se figurent que les espèces d'êtres vivants sont venues sur la terre toutes à la fois?*

R. Cela vient de ce que les gens peu instruits, rapportant tout à notre vie qui est courte, oublient que l'univers existe depuis toujours, et que les êtres que nous voyons sont la résultante de millions d'années de travail. Nous ne saurions dire ce que sera le bœuf, par exemple, dans dix millions d'années.

D. *Quand les premiers êtres vivants sont-ils apparus?*

R. Les premiers êtres vivants sont apparus lorsque les conditions d'atmosphère et de température ont été favorables.

D. *Ces premiers êtres étaient-ils compliqués?*

R. Ces premiers êtres étaient peu compliqués.

D. *Depuis l'apparition de la vie sur la*

terre, les êtres ont-ils tendance à croître en taille, ou à diminuer?

R. Ils ont tendance à diminuer.

D. *Faites-en la preuve.*

R. Les empreintes de végétaux anciens, les ossements d'animaux primitifs montrent que végétaux et animaux étaient de grande taille.

D. *Que sont devenus les êtres vivants, innombrables, dont nous ne saurions retrouver de trace?*

R. Ils sont redevenus matière inerte.

D. *Redeviendrons-nous matière inerte nous aussi?*

R. Oui, après notre mort.

D. *Que se passera-t-il?*

R. Notre sang, nos os, nos nerfs et nos muscles se décomposeront en leurs éléments : carbone, hydrogène, azote, calcaire, etc., qui se disperseront.

D. *Un atome de notre corps sera-t-il perdu pour l'univers?*

R. Non, pas un atome de notre corps ne sera perdu pour l'univers.

D. *Ne revivrons-nous point?*

R. Les éléments de notre corps serviront à alimenter des êtres vivants, mais, tels que nous sommes, nous ne revivrons jamais plus.

D. *Qu'en concluez-vous?*

R. J'en conclus que nous devons savourer

la joie, nous, matière privilégiée, de fouler la
matière inerte dans laquelle nous rentrerons
bientôt pour toujours.

PRATIQUES

1° Lire un livre d'histoire naturelle. Y apprendre
la constitution de la cellule vivante.

2° Rechercher autour de soi des exemples d'adap-
tation au milieu (chez les végétaux et chez les
animaux).

3° Visiter si possible un muséum.

4° Méditer sur le pouvoir du temps et sur la fra-
gilité des êtres vivants.

5° Rechercher ce que sont devenus nos ancêtres
disparus.

6° Bien se pénétrer que, chaque fois qu'on détruit
un être vivant, on commet un acte irrémédiable.

CHAPITRE V

L'AME ET LA PENSÉE

D. *Croyez-vous à l'âme immatérielle ?*
R. Non, je ne crois pas à l'âme immatérielle.

D. *Pourquoi ?*
R. Parce que, pour croire à l'âme, il faut la
situer dans le temps et dans l'espace, et qu'alors
elle n'est plus immatérielle.

D. *Prenez un exemple.*
R. Voici un homme qui habite Lyon : son
âme serait à Lyon. Un mois plus tard il vient
à Paris : son âme l'aurait suivi à Paris.

D. *Avons-nous le droit de parler d'immatériel ?*

R. Nous n'avons pas ce droit.

D. *Cependant, niez-vous la pensée ?*

R. La pensée existe.

D. *La pensée est-elle matérielle ?*

R. Oui, la pensée est matérielle.

D. *Prouvez-le.*

R. La pensée est transmissible à distance, sans qu'il soit besoin d'articuler des mots.

D. *Mais, si la pensée est transmissible, elle peut rayonner dans l'espace autour de l'être dont elle émane ?*

R. Oui, elle peut rayonner dans l'espace.

D. *Ne se pourrait-il donc que la pensée d'un homme flottât dans l'espace après la mort de cet homme ?*

R. Impossible.

D. *Pourquoi ?*

R. Parce que la pensée est liée au cerveau comme le mouvement ou l'électricité le sont au moteur.

D. *Qu'entendez-vous par : « la pensée est liée au cerveau » ?*

R. J'entends que le cerveau est seul producteur de pensée.

D. *Donnez une preuve.*

R. Un bras qu'on vient d'amputer ne pense pas, et l'homme amputé pense.

D. *Que fait le cerveau quand il émet de la pensée ?*

R. Le cerveau s'échauffe.

D. *Que fait le cerveau quand il ralentit l'émission de pensée ?*

R. Le cerveau se refroidit.

D. *Tous les cerveaux sont-ils capables d'émettre la même quantité de pensée ?*

R. Non, tous les cerveaux ne sont pas capables d'émettre la même quantité de pensée, de même que tous les moteurs ne sauraient fournir le même rendement.

D. *Le cerveau peut-il améliorer son rendement en pensée ?*

R. Oui, le cerveau peut améliorer son rendement en pensée.

D. *Par quels moyens ?*

R. Par un régime alimentaire convenable, et surtout par l'exercice cérébral.

D. *Qu'est-ce que l'exercice cérébral ?*

R. C'est celui qui consiste à faire travailler le cerveau.

D. *Citez des exemples.*

R. Lire un ouvrage littéraire ou scientifique ; apprendre une pièce de vers ; résoudre un problème d'arithmétique ; voyager, etc.

PRATIQUES

1° Assister à des expériences de transmission de pensée. Y participer si possible.

2º Augmenter progressivement, par des lectures, des études et des voyages, le champ de son activité cérébrale.

CHAPITRE VI

LA MORALE

D. *Une morale est-elle possible sans âme et sans Dieu ?*

R. Oui, une morale est possible sans âme et sans Dieu.

D. *Sur quoi repose-t-elle ?*

R. Elle repose sur la nature même de l'homme.

D. *Quelle est la nature de l'homme ?*

R. L'homme est un être ni bon ni méchant, à la fois capable de bonté et de méchanceté.

D. *Une expression peut-elle résumer tout cela ?*

R. Oui : l'homme est un être sensible.

D. *Quelles sont les conséquences de cette sensibilité ?*

R. Les conséquences de cette sensibilité sont : l'instinct de conservation et la sociabilité.

D. *A quoi pousse l'instinct de conservation ?*

R. L'instinct de conservation pousse à l'égoïsme.

D. *A quoi pousse la sociabilité?*

R. La sociabilité pousse aux relations entre hommes, à la constitution des sociétés, à la civilisation.

D. *L'égoïsme est-il un mal?*

R. L'égoïsme n'est ni un bien, ni un mal; il est la conséquence directe de la vie individuelle.

D. *Si vous n'admettez pas que l'égoïsme soit un mal, vous devez nier tous les devoirs de l'individu?*

R. Les devoirs de l'individu sont des nécessités qui résultent de la vie en société.

D. *Qu'est-ce que la vie individuelle?*

R. La vie individuelle est l'épanouissement de l'individu.

D. *Une société qui admet l'égoïsme individuel est-elle possible?*

R. Oui, car elle est faite de la juxtaposition, de l'amalgame des égoïsmes et non de leur frottement.

CHAPITRE VII

L'INDIVIDU

D. *Quel est le mobile général de vos actions?*

R. Me conserver vivant le plus longtemps que je pourrai, et vivre le plus complètement possible.

D. *Irez-vous au-devant de la douleur ?*

R. Je l'éviterai avec soin.

D. *Serez-vous propre ?*

R. Je serai propre.

D. *Pourquoi ?*

R. Parce que la propreté aide à conserver la santé.

D. *Serez-vous sobre ?*

R. Je serai sobre.

D. *Pourquoi ?*

R. Parce que la sobriété est une condition de santé.

D. *Serez-vous prudent ?*

R. Je serai prudent.

D. *Pourquoi ?*

R. Parce que la prudence augmentera mes chances de conservation.

D. *Serez-vous fier ?*

R. Oui, chaque fois que j'aurai acquis une connaissance nouvelle au prix de quelque effort.

D. *Serez-vous orgueilleux ?*

R. Non, car la connaissance de l'univers me montre combien je suis faible et petit.

D. *Chercherez-vous à vous instruire et à vous perfectionner ?*

R. Oui, je chercherai à m'instruire et à me perfectionner.

D. *Pourquoi ?*

R. Pour satisfaire à une impulsion naturelle, et pour recueillir les fruits de l'étude.

CHAPITRE VIII

LA FAMILLE

D. *Avez-vous le devoir d'aimer votre père et votre mère ?*

R. Je trouve le mot « devoir » déplacé. J'aime mon père et ma mère tout naturellement ; ils m'aiment, et l'amour attire l'amour.

D. *Aimez-vous vos frères et vos sœurs ?*

R. J'aime mes frères et mes sœurs.

D. *Aimez-vous vos serviteurs ?*

R. J'aime ceux qui habitent depuis long-temps la maison. Quant aux derniers arrivants, j'apprends à les connaître, je les estime déjà, et je sens que je les aimerai à la longue.

D. *Si votre père et votre mère étaient dans le besoin, que feriez-vous ?*

R. Je leur viendrais en aide de toutes mes forces.

D. *Pourquoi ?*

R. Parce que je souffrirais de les voir souffrir.

D. *Aimez-vous vos enfants ?*

R. J'aime mes enfants comme moi-même.

D. *Comment les élevez-vous ?*

R. Je les élève selon la méthode rationnelle.

D. *A quoi peut-on opposer la méthode rationnelle ?*

R. On peut opposer la méthode rationnelle à la méthode d'autorité préconisée par l'Eglise.

D. *Quels sont les principes fondamentaux de la méthode rationnelle ?*

R. Les principes fondamentaux de la méthode rationnelle sont : 1° En ce qui concerne l'instruction : vérification, marche du simple au composé. 2° En ce qui concerne l'éducation : sensibilité et amour.

D. *Tiendrez-vous vos enfants éloignés de toute religion ?*

R. Oui, jusqu'à l'âge de seize ans. Ils liront alors des ouvrages se rapportant aux religions, et après en avoir discuté avec moi, ils embrasseront la religion de leur choix ou n'en adopteront aucune.

D. *Comment vous ferez-vous enterrer ?*

R. Je me ferai enterrer civilement.

D. *Comment ferez-vous enterrer vos parents ?*

R. Je les ferai enterrer selon leur volonté, qu'ils m'auront exprimée sur ma demande.

D. *Comment ferez-vous, le cas échéant, enterrer vos enfants ?*

R. Je les ferai enterrer civilement s'ils ont moins de seize ans. A partir de cet âge, l'enterrement sera civil ou religieux selon qu'ils se seront prononcés pour la libre pensée ou pour la religion.

D. *Puisque vous ne croyez pas à Dieu, quels sont vos sentiments à la mort d'un de vos proches ?*

R. Ma douleur n'en est que plus profonde. Je pleure, sans espoir, devant l'irréparable.

D. *La religion est donc bonne, elle qui console et soutient ?*

R. Un mensonge anesthésiant est tout de même un mensonge ; et tel est le pouvoir de la vérité que je m'attache à elle en dépit de mon cœur.

PRATIQUES

1° Lire *L'Émile*, de J.-J. Rousseau.

2° Voir souvent l'instituteur et concerter votre action avec la sienne.

3° Écrire vos dernières volontés et les confier à un ami sûr.

4° Respecter les croyances de vos parents, qui n'ont pas eu les moyens de rechercher la vérité.

5° N'aborder devant eux la question religieuse qu'avec beaucoup de discrétion, pour éviter de froisser leurs sentiments intimes.

6° Les éclairer peu à peu, sans même qu'il y paraisse.

CHAPITRE IX

LA SOCIÉTÉ

D. *La croyance en un dieu est-elle nécessaire à l'établissement et au maintien d'une société ?*

R. Non, la croyance en un dieu n'est pas nécessaire.

D. *A quelle conséquence sociale aboutit la libre pensée ?*

R. La libre pensée, par l'instruction et le perfectionnement des individus, aboutit à une société où les égoïsmes s'attirent au lieu de se repousser.

D. *Les égoïsmes s'attirent-ils sans raison ?*

R. Les égoïsmes s'attirent parce qu'ils trouvent plus de satisfactions matérielles et morales à s'unir qu'à se combattre.

D. *Comment se nomme cette attraction ?*

R. Cette attraction se nomme loi de solidarité.

D. *La solidarité sociale tend-elle à s'exercer de plus en plus ?*

R. Oui, la solidarité sociale tend à s'exercer de plus en plus.

D. *Quelles sont les causes de cette marche en avant ?*

R. Les causes de cette marche en avant

sont : les progrès de la science, la disparition graduelle de la foi, les transformations économiques.

D. *Quelles répercussions l'exercice de la solidarité a-t-elle chez les individus ?*

R. L'exercice de la solidarité, en accordant plus de sécurité aux individus, les éloigne de l'état de barbarie, diminue les chances de violence, fait succéder la paix à la guerre.

D. *Les religions, le christianisme en particulier, ne prêchent-ils pas en faveur de la paix ?*

R. Oui, les religions prêchent en faveur de la paix. Mais, dans tous les pays, l'élément religieux pousse aux guerres, tandis que l'élément libre penseur empêche ou retarde les conflits.

D. *La société continuera-t-elle d'évoluer ?*
R. La société continuera d'évoluer.

D. *Dans quel sens ?*
R. Dans le sens du mieux, grâce à la libre pensée.

D. *Quelle supériorité d'ordre social la libre pensée offre-t-elle encore sur la religion ?*
R. Avec la religion, les sanctions (récompenses et punitions) sont toujours promises, jamais données. La libre pensée entraîne après elle des sanctions immédiates.

D. *Aux fanatiques de l'idée religieuse, qu'opposent les libres penseurs?*

R. Aux fanatiques de l'idée religieuse, les libres penseurs opposent les armes de la science, une entente absolue, une énergie décuplée par l'amour de la vérité.

D. *Pour qui travaillent les libres penseurs?*

R. Les libres penseurs travaillent pour eux, pour leurs adversaires, et pour les générations à venir.

FIN

Le Panthéon d l'Humanité

Les hommes qui nous ont précédés ont travaillé pour nous. Les uns : inventeurs et savants, en augmentant le nombre de nos connaissances certaines, ont préparé notre bien-être matériel et élargi le champ d'activité de l'intelligence humaine ; les autres : poètes, peintres, artistes, ont aiguisé notre sensibilité et contribué à notre perfectionnement. Il est naturel que nous gardions le souvenir de nos bienfaiteurs. S'ils sont nombreux, et si nous ne pouvons les citer tous, du moins rappelons-nous ici les noms des plus illustres.

HOMÈRE, célèbre poète grec, auteur présumé de *l'Iliade* et de *l'Odyssée*. La figure d'Homère domine toute la littérature antique : la plupart des écrivains grecs se sont inspirés de ses œuvres.

ARCHIMÈDE, illustre géomètre de l'antiquité, né à Syracuse en 287 av. J.-C. Il inventa les moufles, la poulie mobile, la vis sans fin, les roues dentées, etc. On lui doit le principe qui porte son nom, et qui permet de déterminer la pesanteur spécifique des corps en prenant l'eau pour unité. Il mourut à Syracuse, tué par un soldat romain.

VIRGILE, le plus célèbre des poètes latins, né près de Mantoue, mort à Brindes (70-19 av. J.-C.), auteur des *Bucoliques*, des *Géorgiques* et l'*Enéide*. Génie très personnel par son amour de la nature et la perfection de son style.

JÉSUS, né en l'an 749 de Rome, à Bethléem (Palestine), prêcha, en un temps de barbarie, une morale très élevée, toute d'amour, de douceur, de charité et de pardon des injures. Il mourut crucifié en l'an 33 de l'ère chrétienne. L'Eglise l'a divinisé et, en son nom, a fait peser sur les peuples, de longs siècles durant, une hypocrite et implacable tyrannie.

GUTENBERG (JEAN), célèbre Allemand, né et mort à Mayence (1397-1468), perfectionna la presse et le matériel d'imprimerie ; inventeur des caractères mobiles qui permirent la diffusion rapide et peu coûteuse de la pensée.

RAPHAEL (SANZIO), célèbre peintre, sculpteur et architecte italien, né à Urbino, mort à Rome (1483-1520). Il est l'une des plus hautes personnifications du génie de la Renaissance. Le musée du Louvre possède de lui *La Vierge au voile, Saint Michel terrassant le dragon, La Sainte-Famille*, etc.

COPERNIC (NICOLAS), né à Thorn, en Pologne, et mort à Frauenburg (1473-1543). Astronome fameux par son *Traité sur les révolutions des mondes célestes* où est démontré le double mouvement des planètes sur elles-mêmes et autour du soleil. Ce traité fut condamné par le pape Paul V, comme contraire aux Écritures.

MICHEL-ANGE, né à Caprese (Toscane), mort à Rome, (1475-1564), architecte, sculpteur et poète italien, l'un des plus grands artistes qui aient jamais existé. On lui doit *Le Tombeau de Jules II*, le *Tombeau des Médicis*, la *Coupole de Saint-Pierre de Rome*, etc...

PARÉ (Ambroise), chirurgien, né à Laval, mort à Paris (1517-1590), auteur de l'*Anatomie générale du corps humain*. Il s'est rendu célèbre par sa découverte de la ligature des artères, qu'il substitua à la cautérisation dans les opérations chirurgicales.

LES ESTIENNE, famille d'imprimeurs-libraires français dont plusieurs membres se sont rendus célèbres par leur érudition dans les langues anciennes et par les perfections typographiques de leurs publications. L'un d'eux, *Henri Estienne* (1531-1598), mourut à l'hôpital de Lyon, après s'être ruiné dans l'intérêt de la science.

GALILÉE, né à Pise, mort à Arcetri (1564-1642). Illustre physicien, mathématicien et astronome, vrai fondateur à la science expérimentale en Italie. Il est l'inventeur du thermomètre, de la balance hydrostatique, de la lunette astronomique, etc. Il découvrit la loi de l'isochronisme des oscillations du pendule et celles de la pesanteur. Rallié au système de Copernic, il proclama que la terre tournait autour du soleil et fut, pour ce fait, malmené par l'Inquisition. Il mourut aveugle. (Voir le tableau « Galilée devant le Saint-Office » par Robert Fleury.)

SHAKESPEARE (WILLIAM), le plus grand poète dramatique de l'Angleterre, né et mort à Stradfort-sur-Avon (1564-1616). Auteur d'un grand nombre de tragédies, et de comédies regardées comme des chefs-d'œuvre. *Roméo et Juliette, Le Roi Lear, Othello, Antoine et Cléopâtre* sont les pièces les plus connues. Tour à tour gracieux, simple, terrible, burlesque, railleur, douloureusement passionné, Shakespeare a tout exprimé sans contrainte et sans effort avec la liberté du génie.

KEPLER (JEAN), illustre astronome allemand, né à Weil (Wurtemberg), mort à Ratisbonne (1571-1630). Il énonça des lois d'où Newton sut dégager le grand principe de l'attraction universelle.

DESCARTES (RENÉ), philosophe et mathématicien français, né à La Haye-en-Touraine (1596). Fondateur d'un système qui peut se résumer ainsi: Doute systématique comme méthode, mécanisme comme principe scientifique et déisme comme principes métaphysiques. On cite souvent de lui cette phrase: «Donnez-moi de l'étendue et du mouvement, et je vous construirai le monde.»

REMBRANDT, illustre peintre de l'école hollandaise, né à Leyde, mort à Amsterdam (1606-1669), fut un des novateurs de la peinture vraiment réaliste. Il a laissé plus de 350 toiles, parmi lesquelles *La Ronde de nuit, Les Syndics des drapiers, La Leçon d'anatomie,* etc.

LA FONTAINE (JEAN DE), né à Château-Thierry, mort à Paris (1621-1695), auteur de fables inimitables, d'un charme irrésistible, où sont interprétés les sujets les plus divers avec une délicieuse originalité. La Fontaine a uni à une bonhomie malicieuse un naturel, une souplesse, une naïveté apparente qui font de lui l'écrivain de génie universellement connu.

MOLIÈRE (JEAN-BAPTISTE-POQUELIN), né et mort à Paris (1622-1673). Auteur comique inimitable, peintre avisé de la nature humaine, ses farces et ses comédies révèlent une profondeur d'observation qui n'a jamais été égalée. Parmi ses pièces on peut citer : *Le Médecin malgré lui*, *Georges Dandin*, *Les Précieuses ridicules*, *Tartufe*, *Le Misanthrope*, *L'Avare*, *Le Bourgeois gentilhomme*, etc.

PASCAL (BLAISE), né à Clermont-Ferrand, mort à Paris (1623-1662). Illustre mathématicien, physicien et philosophe. On lui doit les lois de la pesanteur de l'air, de l'équilibre des liquides, le triangle arithmétique, le calcul des probabilités, la presse hydraulique, l'invention de la brouette. Auteur des célèbres *Provinciales*, lettres dont les Jésuites ne se sont pas relevés.

NEWTON (ISAAC), né à Woolsthorpe, mort à Londres (1642-1727), mathématicien, physicien, astronome et philosophe anglais. Il s'est rendu immortel par sa découverte des lois de la gravitation universelle.

PAPIN (DENIS), physicien français, né à Blois, mort à Marbourg (1642-1714). Il reconnut le premier la force élastique de la vapeur d'eau et en rechercha l'utilisation. La révocation de l'Edit de Nantes le chassa de France.

VOLTAIRE (FRANÇOIS-MARIE AROUET), né et mort à Paris (1694-1778). Ecrivain hardi d'une merveilleuse souplesse, historien, philosophe, auteur dramatique, épistolier, il prêcha le respect de la conscience et de la liberté individuelles et s'éleva avec énergie, dans l'affaire Calas et l'affaire Sirven, contre l'intolérance religieuse.

ROUSSEAU (JEAN-JACQUES), écrivain français, né à Genève, mort à Ermenonville (1712-1778), père du romantisme, un des précurseurs de la Révolution. Il faut lire de lui *Le Contrat social*, *Emile*, *Confessions*, *Dialogues*, *Rêveries du promeneur solitaire*.

LAVOISIER, né et mort à Paris (1743-1794), l'un des créateurs de la chimie moderne, qu'il fonda sur une loi jusque-là inconnue, celle de la conser-

vation de le matière : « Rien ne se perd, rien ne se crée. »

PESTALOZZI (JEAN-HENRI), pédagogue suisse, né à Zurich, mort à Brugg (1746-1827). Il s'est acquis une réputation universelle par ses travaux pour améliorer l'éducation des enfants pauvres.

JENNER (ÉDOUARD), né et mort à Berkeley (1749-1823), médecin anglais qui découvrit la vaccine.

LAPLACE (PIERRE-SIMON, marquis DE), né à Beaumont (Calvados), mort à Paris (1749-1827). Célèbre mathématicien et astronome. Fils de cultivateurs et professeur de mathématiques, il contribua à la création de l'École polytechnique et de l'École normale. On lui doit de nombreux travaux relatifs aux mouvements des astres. Célèbre par l'invention du système cosmogonique qui porte son nom.

GŒTHE, né à Francfort-sur-le-Mein, mort à Weimar (1749-1832), le plus célèbre des poètes de l'Allemagne. Il a produit *Faust*, *Werther*, *Hermann et Dorothée*, etc... Il fut, en plus, savant de grande valeur, et pressentit plusieurs des grandes découvertes scientifiques.

MOZART, illustre compositeur autrichien, né à Salzbourg, mort à Vienne (1756-1791). Auteur d'admirables compositions pour piano, orchestre, et de nombreux chefs-d'œuvre pour le théâtre. Sa musique est toute de force et d'émotion. Avant de mourir il écrivit un célèbre *Requiem*.

CUVIER (GEORGES), naturaliste français, né à Montbéliard, mort à Paris (1769-1832). Créateur de l'anatomie comparée et de la paléontologie. Il posa le premier le principe de la *subordination des organes* et celui de la *corrélation des formes*.

LAKANAL (JOSEPH), né à Serres (Ariège), mort à Paris (1762-1845), conventionnel et savant distingué,

il contribua largement à la création des établisse-
ments scientifiques et littéraires de la Convention et
fit beaucoup pour l'instruction publique.

DUPUYTREN (GUILLAUME), né à Pierre-Buf-
fière, mort à Paris (1777-1835), chirurgien dont les
nombreux travaux ont fait faire d'immenses progrès
à la science. Un musée d'anatomie porte son nom.

AMPÈRE (ANDRÉ-MARIE), né à Lyon, mort à
Marseille (1775-1836), savant mathématicien, travail-
leur infatigable, caractère désintéressé et timide. Il
trouva les principes de la télégraphie électrique et
découvrit la loi fondamentale de l'électro-dyna-
mique. Il entreprit sur la fin de sa vie un travail
gigantesque sur la classification des sciences.

MICHELET, né à Paris, mort à Hyères (1798-
1874), auteur d'une célèbre *Histoire de France* et
d'une *Histoire de la Révolution*. Pensée constam-
ment généreuse et haute, il a réalisé une véritable
résurrection de notre vie nationale.

HUGO (VICTOR), le plus illustre des poètes français du XIXe siècle. Ses poésies où la grandeur des
images le disputent à l'ampleur du sentiment, le
placèrent rapidement à la tête de l'école romantique.
Mêlé à la vie politique au lendemain de la révolution de 1848, Victor Hugo se montra l'éloquent et
zélé défenseur de la démocratie. Il s'exila après le
coup d'État du 2 décembre 1851 et ne rentra en
France que le 4 septembre 1870. Parmi ses poésies
on peut citer : *Feuilles d'automne, les Chants du
crépuscule, les Voix intérieures, les Rayons et les
Ombres, les Châtiments, les Contemplations, la
Légende des siècles ;* — parmi ses romans : *Notre-
Dame de Paris, les Misérables, les Travailleurs de la
mer ;* — parmi ses œuvres dramatiques : *Le Roi
s'amuse, Ruy-Blas, Les Burgraves, Lucrèce Borgia,*
etc...

DARWIN (CHARLES-ROBERT), naturaliste et physiologiste anglais, né à Shrewsbury, mort à Down (1809-1882), célèbre par sa théorie sur l'évolution des espèces (sélection naturelle, lutte pour l'existence, persistance du plus apte, hérédité des caractères acquis). Le darwinisme a fait faire d'énormes progrès à la science.

MUSSET (ALFRED DE), né et mort à Paris (1810-1857), le plus grand « poète de l'amour », le plus lyrique, le plus émouvant. Auteur de *Rolla*, des *Nuits*, du *Souvenir*, etc.

LEVERRIER (URBAIN-JEAN-JOSEPH), né à Saint-Lô, mort à Paris (1811-1877). Découvrit *par le calcul* la planète Neptune.

WAGNER (WILHEM - RICHARD), compositeur allemand, né à Leipzig, mort à Venise (1813-1883). Génie d'une extraordinaire puissance qui, le premier, a lié intimement la musique à la poésie et fait, dans l'opéra, passer l'orchestre au premier plan. Auteur de *Lohengrin, Tannhæuser,* les *Maîtres chanteurs,* etc., il a exercé sur la musique contemporaine une influence considérable.

PASTEUR (LOUIS), savant chimiste français, né à Dôle, mort à Villeneuve-sur-l'Etang (S.-et-O.) (1822-1895). Ses recherches ont accompli une véritable révolution dans l'art de guérir, et donné l'idée de l'asepsie et de l'antisepsie. Pasteur est un des grands bienfaiteurs de l'humanité.

BERTHELOT (MARCELIN), né et mort à Paris (1826-1907), chimiste, fondateur de la thermochimie et de la synthèse artificielle des composés organiques au moyen des corps élémentaires.

MASSENET, né à Montaud (Loire), mort à Paris (1842-1912), musicien de l'amour comme Alfred de Musset en a été le poète. Parmi ses œuvres : *Hérodiade, Manon, le Cid, Werther.* Musique où abondent les mélodies.

EDISON (Thomas-Alva), physicien américain, né en 1847, à Milan (Ohio), inventeur de nombreux appareils au nombre desquels il faut citer la lampe à incandescence et le phonographe.

CURIE (Pierre), né et mort à Paris (1859-1906), physicien et chimiste, auteur de remarquables travaux et d'expériences nombreuses sur le radium.

TOLSTOÏ (Léon), romancier et moraliste russe (1828-1912), puissant évocateur de la vie nationale, peintre fidèle des mœurs de son pays. Ses romans : *La Guerre et la Paix, Anna Karénine, Résurrection,* etc..., témoignent de robustes qualités d'observateur et d'écrivain. Tolstoï a prêché avant tout la justice et la bonté.

———

Vous dites quelquefois : Puisque des hommes d'élite, des savants, ont cru en l'au delà, pourquoi n'y croirais-je pas moi-même ?

Vous oubliez que la Science a marché à pas de géant depuis la mort de ces hommes d'élite, de ces savants. S'ils revenaient, ils ne croiraient plus.

Imp. du Nouveau Courrier de l'Ouest, La Rochelle.

Le dernier roman d'ANTONIN SEUHL

a pour titre

Le Comptoir
du Père Dentelle

---

1 fort volume........ 3 fr. 50

BERNARD GRASSET, éditeur

61, rue des Saints-Pères, 61

PARIS

www.ingramcontent.com/pod-product-compliance
Lightning Source LLC
LaVergne TN
LVHW010113070726
842525LV00017B/1537